生長の家ヒューマン・ドキュメント選

繁栄の秘訣

★

日本教文社編

日本教文社

繁栄の秘訣　目次

装幀 松下晴美

編者はしがき

この「生長の家ヒューマン・ドキュメント選」シリーズは、生長の家の信仰を持つことによって、人生を好転させた顕著な体験をした方々を紹介する小社刊行の月刊誌『光の泉』の「ヒューマン・ドキュメント」をテーマ別に精選編纂したものです。

本書は、特に現今の厳しい不況下にあっても、信仰によって繁栄の人生を実現した方々のドキュメントを収録しています。本書中の年齢・職業・役職等は、同誌に掲載された当時のもので、記事の初出年月はそれぞれの末尾に明記してあります。本書が、読者の豊かな人生創造のためのヒントとなり、導きの書となることを願ってやみません。

日本教文社第二編集部

日々の仕事に真心を——
年間四〇〇台の車を売るトップ営業マンの信条

広島県　自動車セールスマン　井上康行《いのうえやすゆき》さん（42歳）

井上さんは、不況の今も、営業マンとして、毎年四百台前後の車を売り続ける日本有数のセールス実績を上げ続けている。そのめざましい実績の陰には、「夢」を実現する心と態度を身を以って教えてくれた父や、生長の家を勧めてくれた妻の支えがあった。

昭和三十一年、井上康行さんは岡山県井原市に生をうけた。

井上さんの父・忠一《ちゆういち》さん（70）は、若い頃、蓄膿症に悩んだことをきっかけに、生長の家の教えに触れ、以来熱心な信仰心を持ち続け、母・智子《さとこ》さん（67）も信仰していた。が、井上さん自身は「教えがどんなものであるかということはまったく知りませんでした。おぼろげに『父は生長の家を信仰している』と知ってはいたのですが、自発的に何かしようという気はなかった。ただ、教えを否定する気持ちもなかったですね。中学の頃、母親が入院したときには、一週間以上、仏壇の前で父と一緒に聖経『甘露《かんろ》の法雨《ほうう》』*を誦《あ》げた記憶はありますが、その時もまったく抵抗はなかったです」

忠一さんは、子供たちに特に教えを説くことはせず、ただ毎年一回の生長の家講習会*に連れて行くだけだったので、井上さんたちはそこで教えを学んだとはいえ、あまり理解しているとは言えなかった。

忠一さんは、家業の家畜商の仕事を、早朝から夜中まで黙々とこなしていた。しかし、「その背中には、いま思えば教えがあふれていた」と井上さんは言う。

井上さんは、四人姉弟の二番目だが、小学校高学年の頃から、誰よりも忠一さんの仕事を手伝った。

学校から帰ってくると、すぐに豚の世話をする。夜九時からは百キロ以上もある出荷用の豚を、百五十頭も車に積む。また、日曜日などは、忠一さんについて、東京や大阪へ家畜の買い付けに行くこともあった。

父・忠一さんと。「父の背中を見て育ったお蔭です」と井上さん

井上さんは、中学・高校時代は駅伝の選手として活躍したが、家の手伝いを怠《おこた》ることはなかったと言う。

「父と二人であちこちに出かけましたが、その時も、教えの話は一切なかったですね」

しかし、忠一さんの仕事の仕方は、まさに「生長の家の教えそのもの」の実践だった。相手に会うと、まず、

「ありがとうございます」

と大きな声で言い、どんなことがあっても笑顔を絶やさない。そんな父親の姿を見て、井上さんは子供心にも「なんて気持ちのいい仕事の仕方なんだろう」と思っていた。

井上さんにとって、父・忠一さんは尊敬すべき大きな存在だった。

「そんな父親の背中を見て育ったお蔭《かげ》で、その後の私の仕事は本当に順風満帆《まんぱん》に進んでいったんです」

好きな道を志す

高校卒業後、井上さんは駅伝の選手として大阪商科大学に推薦入学した。大学卒業後

は、家業を継ごうと決意していた井上さんに、忠一さんが「自分の好きな道に進みなさい」と言ってくれたのは、大学三年の秋のことだった。

井上さんの家には、仕事がら何台もの自動車があった。そんなこともあって、井上さんは車に興味を持ち、免許を取得してからは運転することが大好きになった。

「父がそう言ってくれるならと、私は自動車販売の会社への就職を志したのです」

そんな折、広島県府中市内にある自動車販売店で、忠一さんが一台のトラックを買った。その販売店には「来春大卒者一名募集」の広告があったため、忠一さんは井上さんにそこを受けてみたらどうだと勧めた。

その会社は「スズキフロンテ福山販売」という販売店だった。井上さんは、大きなディーラーよりも、社長と対面して話せるような家族的な会社を望んでいたので、さっそく試験を受けたところ、見事採用され、広島県福山市内にある営業所に配属されることになった。

「その会社の社長（佐々木萬二《まんじ》さん。現在は会長で、社長は実弟の佐々木通誠《みちまさ》氏になっている）は、偶然にも生長の家の信徒だったのです。週一回のミーティングのときには、

『生かされている』という話など、教えに則《のっと》った話を聞かせていただけます。その話に、何となく安心感のようなものを感じ始めたのは、入社してまもなくの頃でした」

井上さんは、入社早々からセールスマンとしての頭角を現した。普通は年に六十台ほども売れればオンの字の車を、一年目にして百三十台も売り、会社から表彰されたのだ。そして二年目には二百台、三年目には三百台近くまで成績をあげ、仕事は面白いように伸びていった。

「吾《わ》が業《わざ》は吾が為《な》すにあらず、だぞ」

ことあるごとに、社長からこの生長の家の「招神歌《かみよびうた》」*にある言葉を聞いていた。それでも、当時の井上さんはただただ仕事がおもしろく、必死で車を売り続けているだけだった。

「あの頃は、果てしない夢をただ追い続けていただけだったのかもしれません」

伴侶《はんりょ》との出会い

井上さんが、本当に教えに振り向き、その大切さに気づいたのは、妻・由貴子《ゆきこ》さん

（38）と出会ってからだと言う。

由貴子さんの両親もまた、生長の家の信徒であり、由貴子さんは幼い頃から教えを聞いて育った。その後、当時、広島県府中市にあった生長の家養心女子学園*に入学、卒業後は職員として働いていた。

井上さんの会社の佐々木萬二社長は、当時、養心女子学園の主事であった田中吉野先生と懇意にしており、その縁から、井上さんと由貴子さんは知り合った。

「プロポーズをしたら、最初は断られましてね（笑）。やはり生長の家の教えを真剣に学ばなければダメなのかなと思い、初めて自発的に生長の家の行事に足を運びました。長崎の生長の家総本山*の新春練成会*でした」

井上さんは、そのとき聞いた生長の家創始者・谷口雅春先生の「自分を卑下《ひげ》してはならない。すばらしいと思いなさい」という言葉に励まされて、再度プロポーズ。一年半の交際の末、ゴールインできた。

結婚後、由貴子さんはことあるごとに『光の泉』など生長の家の雑誌を持ってきては「いいことが書いてあるわよ」と教えてくれた。それを読んでみると、そのときの自分の状況に合ったことが不思議と書かれていた。井上さんは、そのうちに生長の家の雑誌を読むことが楽しくなり、また『生命《せいめい》の實相《じっそう》』*などの本にも目を通すようになった。

二人の間には、四人の子供（雅生《まさお》君、咲子《さきこ》ちゃん、宣明《のりあき》君、大成《たいせい》君）ができ、毎年お正月には総本山の新春練成会に参加することが、井上家の行事となった。

「そのうちにふと、周囲の人がすべて教えに導いてくれていたことに気付きました。そうすると、自分も仕事も、環境も徐々に変化していることにも気付きました。いちばん変わったのは、私自身の仕事への姿勢でしょう。生活のために働くのではなく、会社に、お客さんに、喜んでもらえることを第一に考え、すべてを全力でやるようになっていたのです」

口下手でもセールス日本一

五年前の新春練成会のときのこと。井上さんにひとつの閃《ひらめ》きが走った。

「ああ、私は本当に、生きているのではなく、生かされているのだ」

それまで、「生かされている」とは何度も聞いてきた言葉だったが、このとき初めて実感として受けとめることができた。

夢だった車の仕事につけたこと、セールスの成績が順調なことなど、そのすべてが、父親の、先祖の、そして家族のお蔭《かげ》であることに気付き、改めてそのありがたさに感謝したのだった。

それからも、井上さんはさらに営業成績を伸ばし、現在では取締役営業部長となり、ここ五年間は不況の中にありながら、中古車を含め毎年四百台前後の車を売り続け、全国有数の成績を上げている。そのため、会社も全国のスズキ自動車の販売店のなかで常に一、二位になっている。

「実は私は、学生時代からひどい口下手でしてね。セールスマンのくせに立て板に水のごとくには決してしゃべれないんです」

それなのに、どうしてこんなにも多くの車を売ることができるのか。その秘訣は「生かされている」という思いの中にあるという。

「吾が業は吾が為すにあらず」だから会社のため、お客のためにいちばんいい車を選ぶこと。これが井上さんの信条だ。

「何がなんでも売ろうとは思わないのです。誰が運転するのか、使用目的は何か、月何キロぐらい乗るのか。お客さんの要望をすべて聞いて、心を尽くして車を選ぶ。そしてその車を、自信を持って勧めるというのが私のやり方です。これなら、口下手だってできるでしょう」

売りっぱなしにせず、その後のメンテナンスから保険のこと、事故処理なども二十四時間体制で受け付けている。だから井上さんの名刺には、自宅の電話番号と携帯電話の番号も記されている。

「父は、夜中の二時三時に起きて仕事をしていました。それを手伝ってきたので、こんなことも苦ではないのです。人と違う『あたりまえ』を教えてくれた父に、本当に感謝しています」

また、小さな約束を守ること、いまできることは「ハイ・ニコ・ポン」*の精神ですぐにやることも信条のひとつだという。

「それでも、三日間一台も売れないとプレッシャーがかかってきます。そんなときは初心に戻って、会社の食堂に置いてある生長の家の雑誌を読むんです。するとまた勇気が湧《わ》いてきて、ありがたく仕事をさせてもらえるのです」
そう言って微笑《ほほえ》む井上さんの顔は、忠一さんの笑顔にそっくりだ。井上さんの名刺には「ありがとうございます」の感謝の言葉がくっきりと印刷されていた。

（平成十一年四月号　取材／和場まさみ　撮影／中橋博文）

＊『甘露の法雨』＝宇宙の真理が分かりやすい言葉で書かれている、生長の家のお経。
＊生長の家講習会＝生長の家総裁、副総裁が直接指導する生長の家の講習会。現在は、谷口雅宣副総裁が直接指導に当たっている。
＊「招神歌」＝生長の家独得の座禅的瞑想法である「神想観」の実修の時に唱える歌。
＊生長の家養心女子学園＝現在は山梨県河口湖町に、専門学校として開設されている。
＊生長の家総本山＝巻末の「生長の家練成会案内」を参照。
＊練成会＝合宿形式で生長の家の教えを学び、実践するつどい。お問い合わせ先は、巻末の「生長の家練成会案内」「生長の家教化部一覧」を参照。
＊『生命の實相』＝生長の家の聖典。谷口雅春著、全四十巻、日本教文社刊。
＊「ハイ・ニコ・ポン」＝人から何か頼まれたら「ハイ」とすぐ返事をし、「ニコッ」と笑顔で、「ポン」と立ち上がってすぐに行う――という生長の家の教えの一つ。

天地万物を味方につけた運送会社社長の信条は〝万事好都合〟

京都府　ＫＣＳ社長　森本隆行《もりもとたかゆき》さん（42歳）

父親の創業した牛乳販売店を継いだのは昭和五十年。すでに牛乳の宅配には翳《かげ》りが見え始めていた。法人化してスーパーへの卸《おろ》しを中心に巻き返しを計ったが、依然、業績は伸び悩んだ。平成四年一月、思い切って、食料品の運送会社に切り替えたときに生長の家を知る。〝人間・神の子、無限力〟の教えは、転業したばかりの森本さんの不安な気持を吹き飛ばしてくれた……。

早朝であれ、真夜中であれ、顧客の希望する時間に商品を届けなくてはならない。信用第一を旨《むね》とするため、常に「いつ、何台のトラックが、どの方面に配車されているか」

を把握《はあく》し、道路情報にも気を配っている。事故や台風でコースが不通になった情報をいち早くキャッチすると、携帯電話、ポケットベル、無線を駆使して運転手に連絡を取り、別のコースを指示したり、別便を出して早急の手当を施《ほどこ》す。

「京都」「チルド」「サービス」——それぞれの頭文字を取ってつけられた㈱ＫＣＳ。メーカーから配送センターに運び込まれた冷蔵・冷凍食品をコンビニエンス・ストアやスーパーに配達する会社だ。エリアは広く、京都府内はもとより大阪、兵庫、滋賀、奈良、遠くは三重、福井にも及ぶ。その数、およそ六十店舗。コンビニに至っては一日、三回の配達となる。

㈱ＫＣＳは、平成四年一月、従業員十三名、二トントラック六台でスタートした。それが一年たらずで従業員約九十名、二トントラック、四トントラック合わせて三十四台を所有するまでに急成長を遂げた。平成四年の四月～七月の売り上げ高は、約三六〇〇万円だったが、平成五年の同じ時期には約九八〇〇万円。不況の声に満ちたこの御時世に、これほどの発展をもたらした原因は何なのか。

大文字山も僕の味方

㈱ＫＣＳの前身は父親が創業した牛乳販売店である。森本さんが地元の大学を卒業して父親の跡を継いだ昭和五十年頃には、すでに安値の紙パック牛乳がスーパーに並び、宅配を望む顧客は減少していた。昭和六十年に店を法人化、宅配に加えてスーパーへの卸《おろ》しに力を注いで巻き返しを計ったが、スーパーからは売り値を叩《たた》かれ、計算通りに利益を出すのは、なかなか難しかった。

「儲《もうか》らへん、将来性を見出せない」

森本さんは、次第に転業について考え始めた。「今いる従業員とトラックを生かせる商売」と言えば、やはり思い浮かぶのは運送業である。平成三年には〝一般貨物自動車運送事業〟の資格を取得。こうして生まれたＫＣＳだったが、開業したばかりの頃は、以前から付き合いのある大手乳製品メーカーに頼み込んで、パック牛乳を京都市内のわずか数ヵ所の食料品店に配達する仕事のみ。「信用も実績もゼロ」という不安の中での出発に、一条の光を与えてくれたのが「生長の家」との出合いだった。

天地万物を味方につけた運送会社社長の信条は“万事好都合”

「『必ず善くなる』と念じていれば、善い結果が生まれます」と森本さん

最初に触れたのが妻の秀子《ひでこ》さん（43）。平成四年二月、秀子さんは首の痛みを訴えて接骨医に通っていた。そんな折り、生長の家を信仰する知人に勧められて、誌友会*に初めて参加。会場で講師に「ご両親に感謝できていますか」と問われ、ハッとして、思わず涙がこぼれたという。森本さんの両親は既《すで》に亡くなっていたが、当時、舅と対立し、舅姑を残して一家で、何回となく家を出たなどの辛《つら》い体験ばかりを思い起こしていたのである。秀子さんは、その日のうちに、自分の思いが間違っていたことを家族に伝えた。森本さんと長男・悠嗣《ゆうじ》君（17）、長女・麻紗子《まさこ》さん（15）は、素直に話に耳を傾け、家族全員で仏壇の前に座ると、合掌して「神様有難うございます」と唱えた後、『甘露の法雨』を誦《あ》げたという。

それから三日後、秀子さんの首の痛みは、懺悔《ざんげ》の涙に洗い流されたかのように消え去っていた。一家で生長の家を信仰するようになったのは、このときからである。

「仕事でも家庭でも調和を保てることが繁栄の基本だと思います。僕は人の言葉に影響されやすかったんです。『それはええ』と言われると『そうや』思うてしまう。『できる』と思っても、『できへん』言われたら諦《あきら》めていた。小さな悩みを大きく捉《とら》えたりもしていた。それが生長の家で心の法則を学んでからは、『きっとできる』との信念を持てるようになりました。神様に全托《ぜんたく》して、『必ず善くなる』と念じていれば、善い結果が生まれます」

聖典類を読んで教えを学ぶだけでなく、生長の家を肌で感じたいと思った森本さんは、家族を連れて、長崎県西彼町にある生長の家総本山での練成会に参加した。早朝、荘厳な空気に包まれて神想観《しんそうかん》*をしていると、心の底から天地万物への感謝の念が生まれ、体の芯《しん》からふつふつと力が湧き上がるのを感じたという。

「『大調和の神示《しんじ》*』ってすごいですね。『汝《なんじ》ら天地一切のものと和解せよ。天地一切のものとの和解が成立するとき、天地一切のものは汝の味方である……天地万物と和解せよとは天地万物に感謝せよとの意味である……』とあるでしょう。感謝の心を忘れずにいたら、あの大文字山も僕の味方になるんだと思うと、気持が大きくなって、何や恐いもんはなくなりました」

万事好都合

生長の家の教えを学ぶようになってからは、「儲らへん」のは従業員が悪いと決めつけていた自分を反省し、「いかに利益を取るかだけを考えて業者とようケンカしていた」自分を戒《いまし》めた。「正直言ってお金はなかったけれど」、利益は二の次で、まず顧客のために一所懸命に奔走《ほんそう》しているうちに、時間はかかっても不思議と与えた分、いや、それ以上の報酬《ほうしゅう》が返ってくるようになったという。

たとえば、こんな調子で——。

愛媛県酪農連の京都工場から牛乳を運ぶ仕事が、先方の都合により、九ヵ月で一方的に打ち切られてしまったことがある。以前ならムカついて、嫌《いや》みの一つも言っていたかもしれない。だが森本さんは、すぐに酪農連に赴《おもむ》き、「短い間でしたが、お付き合いさせていただきまして有難うございました。また何かありましたらよろしくお願いいたします」

と、心からのお礼を述べた。

ケンカでも仕掛けに来たのかと思っていた相手はビックリした様子だったが、その略農連から「伊勢と舞鶴への配送をお願いしたい」と電話が掛かってきたのは三日後のこと。略農連の仕事で京都市内に牛乳を配達しているときには一ヵ月七〜八万円だった運賃収入が、今度は長距離になって、三百万円に跳《は》ね上がった。さらに、伊勢に牛乳を運んだ帰りには、伊勢市内の食品会社の冷凍食品を京都まで運ぶ商談もまとまった。が、提示された運賃は、森本さんが希望する金額のちょうど半分。それでも森本さんは「仕事をいただけるのが有難い」と感謝して引き受けた。請《う》け負って十ヵ月が過ぎようとしていた平成五年の七月、うれしい知らせが届いた。

「長いこと安い運賃でようやって下さいました。値上げを考えさせてもらいます。それからもう一つ、四トン車いっぱいの冷凍食品を滋賀までお願いします」

運賃は、ようやく森本さんの希望していた金額に達した。その上、新規の配送も任《まか》されて、予想もしなかった収入を得るようになった。同じ時期、「せっかく舞鶴まで行くのに、そっち方面の仕事は何かないかなぁ」と思っていたところに、舞鶴からの帰り道の丹波町に工場を持つ冷凍食品会社の仕事が舞い込んだ。こちらから話を持ち掛けたのではない。向こうからの電話である。それも一度も接触したことのない会社だった。

「たとえ採算《さいさん》が合わない仕事でも、神様が与えて下さったのですから絶対うまくいくんです。マイナスになるはずがないんです。それを信じてるから心配がない。『～のお蔭で』『～は楽しい』と考えられるようになって自分の器《うつわ》が大きくなったような気がしてます。何が起こっても万事好都合ですよ」

運賃は言い値で

売り上げの半分は社員に還元し、残りの半分を管理職の給料と会社の運営費に当てている。

「中には、運送費を半額で請け負ったりすると、『よう計算しよるヤツ。よっぽど採算取れる目論見《もくろみ》があるんちゃうか』言う人もいますが、僕はお客様を百パーセント信じているだけで、打算はありません」

と、キッパリ語る森本さん。それは冷凍・冷蔵食品メーカーとの商談に臨《のぞ》むときの姿勢からも窺《うかが》える。

商談に向かう車や電車の中で、森本さんは「すでに与えられております。有難うございます」と、いつも心の中で念じている。到着すると、会社の入口の前で合掌し、その会社の繁栄と、商談の成功を祈るそうだ。

「あらゆる質問に答えられるようにしていこう、この断わられ方に対してはこう答えよう、とか考えるのは時間のムダです。まとまることだけを心に思って、どうすれば先方さんが喜んで下さるかを考えさせてもらいます」

誠心誠意応《こた》えるために、森本さんは、商談の際には提案書を提出する。それは、「どのようにすれば、いかに早く、いかに安いコストで確実に商品が運べるか」を、それぞれの商談先に合わせて森本さんなりの考えをまとめたもの。

「運賃を安く抑《おさ》えるために、少しでも近いルートをお伝えするのは当然です。他にも、各商品を店舗ごとに仕分けしてトラックに積み込む、仕分け作業場での一連の作業を合理化する方法を考えさせてもらったりもします。例えば、商品の種類によって、仕分けする作業員と各店のケースに納めていく順番を決めるとか、ケースの位置を地域別にするとかです。そうすれば検品する作業員と交錯することもありませんし、もっと少ない人数で時間を短縮できると思います」

「喜ばれる提案書」を作成するためには、森本さん自身の勉強も欠かせないようだ。この提案書の中には、不思議なことに肝腎《かんじん》な運賃については書かれていない。

「これくらいでお願いできへんかなぁ」と、相手が出した数字に対して二つ返事で応えているからだ。それに対してクレーム一つ付ける訳でもなく、黙々と仕事をこなしていると、必ずと言っていいほど、

「こんな一所懸命やってくれはるんやさかい、もうちょっともろときな。これでは採算合わへんやろし、これでどうですか」

となるそうだ。

黙っていても徐々に運賃は上がっていくし、最終的には思った以上の金額になっている。

商談がまとまらない場合は、会社の壁にかけてある〝奇跡のホワイト・ボード〟に、メーカーの社名を書き込んでおく。そこには新規開拓したいメーカーや、売り上げを伸ばしたいメーカーの社名が並んでいる。商談が成立すれば消してゆく。森本さんは、ボ

ードを見るたびに気持を奮《ふる》い立たせ、提案書の検討を重ねては、繰り返しメーカーを訪ね歩いている。

「神想観を実修していると、いつも冷静でいられますから結果をあせらなくなりましたね。相手が納得してくれるまでジッと待てるようになりました」

類をもって集まる

仕事が増えると同時に、従業員とトラックを毎月のように増やしていった。森本さんは、「波長の合った明るい人材を揃《そろ》えたい」と、常々思っている。だから、面接では自分が生長の家を信仰していることを打ち明け、「従業員全員が明るく楽しく、自分自身を向上させながら働ける職場にするために両親、ご先祖様をはじめ、すべての人、物、事に感謝の心をもってほしい」と話している。

求人誌に出した募集広告には、拳《こぶし》を天に向かって突き上げた、やる気あふれる青年男女のイラストと共に、大きく太い文字で「神の子・無限力」「やればできる」と書かれていた。会社の勢いを象徴する、その文字と笑顔のイラストにつられるかのように、明るい人だけが、次々と集まってきた。「仕事を通して会う人、会う人をみんな明るくしていくのが、僕の使命だと思っています」

どこを切っても同じ顔が出て来る金太郎飴《あめ》のように、一日のどの時間を取っても、森本さんの心の中には「生長の家」の教えがある。

（平成五年十二月号　取材／川越格　撮影／紀善久）

＊誌友会＝生長の家の教えを学ぶ会。主に居住地域単位の日常的な集まり。
＊神想観＝生長の家独得の座禅的瞑想法。
＊「大調和の神示」＝生長の家創始者・谷口雅春大聖師が昭和六年に霊感を得て書かれた言葉で、この全文は『甘露の法雨』『生命の實相』（第1巻）『新編　聖光録』『御守護　神示集』（いずれも日本教文社刊）等に収録されている。

お客様のための努力が繁栄をもたらす

愛媛県　村上呉服店経営　村上督太郎《むらかみとくたろう》さん（48歳）

「客は敵。商売は戦争だ」と思い、売上げトップを誇っていた元商社マンの村上さんは、郷里で家業を継いだが挫折、ノイローゼに。そんな村上さんの心を救い、構造不況業種とさえ言われる呉服店の業績を上昇の軌道にのせたものとは。

「もしかしたら俺はノイローゼではないのか……」

村上さんがそう思ったのは二十八歳のとき。母親の営んでいた呉服店を継いで三年目だった。

「お客さんと応対するのが怖くなったんです。毎朝九時に店を開けなくてはならないのに、布団から出たくないんですよ。二分前に跳《は》ね起きて仕方なく開店しますが、また布団に戻ってしまう。心の中では『どうぞ客が来ませんように』と空《むな》しく祈っていました」

原因は、大幅な売上げ増を目指して行った呉服の展示即売会が失敗し、多額の借金を抱えてしまったこと。取引先からの信用も失墜し、村上さんは自信喪失に陥《おちい》ったのだ。

前年、呉服業界紙に「急成長の家業店」の見出しで村上さんの店の記事が掲載された。取材に有頂天になった村上さんは、売上げを実際の二倍ほども水増しして言った。

「記者はその数字にさらに上乗せして書いたので、ものすごい数字になったんです。遠くから見学に来る人もいて、辛《つら》い思いをしました。何とか売上げを伸ばそうと焦って、若い従業員を二人雇って大々的に展示即売会と思ったんですが……、直前に二人が辞めて、あとはガタガタに」

村上さんの顧客との応対にも問題があった。「客は敵。商売は戦争だ」と思っていたのだ。

「つくり笑顔で客を攻め落とす。買った敵は値引きで攻めてきますから、防戦しなければいけない。油断するとやられてしまいます。表情は笑顔でも、内心は身構えてました」

この〝戦争〟に敗れた村上さんは、自信喪失し、ノイローゼに陥った。

こうなると多くの人は、病院やカウンセラーに相談するが、村上さんは生長の家の教

「お客さまの立場に立って本物の商品を格安の値段で提供させていただいています」と村上さん

えに救いを求め、生長の家練成会に参加する。

その結果——現在、村上呉服店の一年の売上げは、個人経営の小売店としては上々の約八千万円。最高品質の品を格安の価格で販売する良心的な店として評判が定着し、県外からもたくさんの顧客が訪れ、仕事は拡大の道をたどっている。

「生長の家で救われました。その後も倒産寸前ということもありましたが、生長の家のお蔭で何とか乗り越えることができたんです」

優秀な商社マン

村上さんは大学時代に就職するにあたって将来に不安を感じた。

「社会で生きて行くには、算盤《そろばん》を弾《はじ》いて上手に立ち回らなければいけないと思っていました。自分は不器用でサラリーマンには向いてないし、商売など絶対できない、思い浮かぶのは高校の登山部でお世話になった山小屋の番人くらい」

しかし、村上さんは東京に本社のある中堅の商社に入社、早々から頭角を現す。

配属されたのは木材関連の営業部門だったが、たまたま取引先が倒産して先輩や上司はその件に掛かり切りになっていた。新入社員の村上さんは「何か売ってこい」と言われて放っておかれ、仕方なく一人で得意先を訪ね歩いた。

ある木材輸入会社を訪ねると、その会社が製造したパレット（貨物運搬用の荷台）の販売を委託された。倉庫会社などに営業に行くと、半年ほどで並みいる先輩を差し置いて稼《かせ》ぎ頭になった。

「自分には商売の才能があると勘違いしました。『あいつは出来る』という評価を落としたくないと、がむしゃらに仕事に打ち込みました」

会社には四年ほど在籍したが、常にトップの成績。商売は戦争だと考えたのも、この時期からだったが、「これからも骨身を削《けず》るような思いをするのかと思うと、心底イヤになってしまった」。そして、母親の急病をきっかけに会社を辞め、故郷で呉服店を継ぐことにした。

生長の家に触れたのは、その直後だった。近所の熱心な生長の家信徒で鉄工所を経営していた近藤文一さん（故人）から、松山市で開催された「生長の家栄える会繁栄ゼミナール」*に誘われたのだ。

「何だ宗教団体じゃないかと思いましたが、講話を聴くと凄《すご》い内容なんです。それに驚いたのは受講料の安さ。宗教団体はお人好しなんだな、これは得だし使えると思いました」

このセミナーで村上さんの心を引いたのは、「心に思い描いたことが現象に現れる」という「心の法則」だった。この教えに基づいて、大きく売上げを伸ばす構想を心に思い描いて仕事を進めた。

すると予想以上の成果が上がり、わずか二年で売上げは三倍になった。

「商社でトップの成績を上げていた自負があるし、生長の家で商売を伸ばすノウハウを得たわけですから、自信満々です。数年で県下一の店になると確信してました」

そんな村上さんが、生長の家のごく一部しか理解していないことを心配した近藤さんに「繁栄ゼミだけでは生長の家は分からない。一度は練成会に行って来い」と言われたが軽く聞き流した。「忙しい現代人が十日間も行けるわけないだろう」と思ったのだ。

ところが、展示即売会の失敗でノイローゼになって、近藤さんの忠告を思い出した。思い切って山梨県にある生長の家富士河口湖練成道場*で行われている一般練成会に参加した。

そのままで素晴らしい!

道場に到着したのは練成会が始まって二日目。道場の責任者(当時)の楠本加美野講師による講話の最中だった。ボストンバッグを持ったまま講堂に入った村上さんの耳に、絶対に治したいと思っていた「ノイローゼ」という言葉が入ってきた。講話の内容は今も鮮明に覚えている。

〈能力ゼロというのをノイローゼと言いますが、本当は能力ゼロじゃない。人間が幸せに生きるためには自信力を持たねばなりません……〉

そこまで聞いた村上さんは、「その自信がないんだ! ない人間にどうしろと言うんだ」と無性に腹が立った。が、楠本講師はさらに話す。

〈自信力というのは、成功の予感なんですよ。何かしようとすると、成功するんじゃないか、じゃあやってみよう、そう考えると知恵も力も出てくる。ところが、その逆が劣等感で失敗の予想なんです。何かほんの小さなことでも自信力を持つか劣等感を持つか

で、人生に大変な差をつけている……〉

ここまで聞いて「あっ、私に解答を与えてくれている。真剣に聴かなければ！」と思った。

〈失敗したらどうしようという劣等感、それが高じると恐怖心というオバケが出てくるんですよ。それが出てくると本来の力を殺して何も出来なくなる。これが自縄自縛なんです。これが人生を一番不幸にしている根本なんですよ……〉

村上さんは心の中で「やった！　これで救われる」と思った。それからは真剣そのもので、十日間を過ごし、さらに続いて行われた二泊三日の伝道練成会にも参加した。

「練成会で『このままで素晴らしい自分なんだ』と理屈抜きで悟《さと》りました。自縄自縛《じじょうじばく》に陥ったのは、『人生は成功して初めて評価される』と勘違いしていたからです。生長の家は商売のテクニックというレベルのものではないと思い知らされました」

村上さんからは、恐怖心が完全に消えて、何の気負いもなく商売ができるようになった。翌年には由美香《ゆみか》さん（44）と結婚し、三男二女を授かった。

お客さまのために

とはいえ、順調に伸びてきたわけではない。練成会で生長の家の素晴らしさを知った村上さんは、生長の家青年会*の活動に夢中になり、商売を放り出して打ち込んだ。昭和六十二、六十三年は最悪の状態で、売上げは最盛期の四分の一に落ち込み、借金をして店の運転資金や生活費に充てた。

「貧乏を仕方がないと思い、金儲けに罪悪感も感じていたことが間違いだった。子供に服も買ってやれなくなり、借金の返済に迫られ、問屋の信用も失って商品の仕入れもできなくなりました。その誤りに気がつき、『今日を限りに貧乏はやめる』と心に誓ったんです」

その直後、とつぜん客が訪ねてきた。そして、支払いに必要だったのと同じ額のお金を前金としてポンと置いて行った。

また、頼みもしないのに問屋が訪ねてきた。「買う金がない」と言うと「とりあえず置いていくから」と、喉《のど》から手が出るほど欲しかった商品を置いていってくれた。

「商品を完売すると、またその問屋が来て置いていく、この繰り返しで売上げ急増です。自分でも信じられないような出来事の連続でした」

神に導かれたように窮地を脱した村上さんは、平成二年から呉服販売の企画会社と契約して、翌年には一億円近い売上げを記録する。だが、四年目に企画会社との契約を打ち切り、メーカーとの直接取引による独自の経営に方向転換する。

「企画会社との仕事は楽ですし、儲かるんですが、商品の質や独特の販売方法がお客さんのためにならないと感じたんです。しかし、せっかく軌道に乗った仕事を切り替えるのは勇気が必要です。決断を伝えると企画会社も同業者も驚いてました」

お客さんの利益か、収益か、という厳しい選択で、村上さんはあえてお客さんを取ったが、これが今日の村上呉服店の繁栄に結びついた。

「家内にも相談すると『あなたの人生の方向と仕事の方向を一緒にして下さい』と言うんです。有り難かったですね。私の人生の方向はお客さまのため、社会のためですから。以前は儲けることに罪悪感を感じてましたが、今は安くて品質の良い商品を売らなければ、お客さまに迷惑をかけることになると思っているんです。日本文化の結晶である着物を扱えることに、最近、喜びと使命を感じているんです」

（平成十二年二月号　取材／佐柄全一　撮影／中橋博文）

＊生長の家栄える会＝生長の家の経済人の集まり。お問い合わせは「生長の家栄える会中央部」へ。（東京都渋谷区神宮前一―二三―三〇　電話〇三―五四七四―六〇九〇　ＦＡＸ〇三―五四七四―六〇三九）
＊生長の家富士河口湖練成道場＝巻末の「生長の家練成会案内」を参照。
＊生長の家青年会＝生長の家の青年男女を対象とし、生長の家の真理を学び実践する会。

日給制の現場作業員を月給制に……
地域で認められる企業づくりを目指す

長野県　カリス代表取締役　西尾安廣《にしおやすひろ》さん（53歳）

平成二年、兄のあとを受け代表取締役に就いた後、生長の家の経営トップ研修会に参加。以後、生長の家の教えが経営のバックボーンになる。社名をギリシア語で感謝という意味の「カリス」に変更、日給制廃止や就業時間短縮に取り組むなど、地域で認められる企業づくりを目指している。

「私どもの社長は、家族同様に社員と接してくれますし、たとえば社員の誕生日にはお祝い金を出す規則を設けたりとか、いつも皆のためにいろいろと考えてくれています。年に一回、社長みずからリクルートの就職ガイダンスに出向いているんですが、社長の考え方に共鳴し、Ｉターンで入社した方々もいますよ」

高速バスの停留所に出迎えてくれた㈱カリス総務部の小嶋幸次さんは、西尾安廣さんのことをこう話してくれた。

小嶋さん自身、東京の大手印刷会社に二十三年間勤めたのち、四年前にUターンしてきた。就職先が決まらないとき、小嶋さんのことを聞きつけた西尾さんから、スカウトされた。カリスは、土木・建築および建築リフォームなどを行なっている会社である。小嶋さんにとっては畑違いの職場だったが、西尾さんの情熱に心を動かされたという。

「社員こそが会社の財産」という考えに立って、日給が慣例の現場作業員を月給で雇用するなど人づくりに力をいれているという西尾さんは、どんな人物であろうか。

経営のバックボーン

「社員からは、現実離れした理想主義者と思われているんじゃないかな」

西尾さんはおおらかに笑う。五人兄弟（三男の功さんは平成七年に病死）の四男。昭和四十二年、大学の土木工学科を卒業し、一年余り東京の大手建設会社に勤めたのち、父の仁一《にいち》さん（90）が経営する千泰《ちたい》木材建設㈱（カリスの前身）に入社した。平成元年九月、代表取締役であった次兄の喜好《きよし》さん（57）が市議会議員になったため、あとを受け継いだ。

「物事には偶然があるといわれますが、すべて必然じゃないかと最近つくづく思います。組織からいくと長男が本社の社長になるべきところ、四番目の私が代表取締役なっている。これも必然かなと、正面から受けとめて一所懸命やっているところです」

その長兄の和夫さん（62）は独立採算制の東京支社も担当している最高責任者である。

西尾さんは代表取締役に就任した翌月、生長の家の経営トップ研修会に参加した。「ためになる研修があるけど行ってみないか」と、友人の岩間博明さんから紹介されたのがきっかけだった。メガネ・貴金属のチェーン店を長野県下に現在十二店舗もつ㈱一真堂の経営者である岩間さんとは、ＪＣ（青年会議所）の活動をしていた頃からの付き合いだった。

西尾さんは、岩間さんに勧められて、生長の家本部練成道場*に出かけたとき、「ありがとうございます」と、玄関先で職員の方々から声をかけられ、非常に面くらった。一瞬、宗教くさい変な所にきてしまったと悔《く》やんだ。しかし紹介者の親切心をむげにもで

日給制の現場作業員を月給制に……地域で認められる企業づくりを目指す

「地域と住民のためにに役立つ企業に」が西尾さんの信念

きず、とにかく観念して研修会を受けることにした。が、時間がたつにつれ、西尾さんの心境が少しずつ変化してきたのである。

「最初は斜にかまえていたんですが、二日目から講師の方の話を聴いて、これは真理をついているぞ、と思ったんです。とくに宇宙を貫く法則そのものが神だということですね。そうした自然のなかで生かされている人間は〝神の子〟であって、無限の可能性をもっているという話を聞きましたが、ふだんは、そういうことを整理して考えることがないでしょう」

もちろん事業に対する心構えや、経営の原理原則についての講話もあった。そのなかで「飢饉《ききん》の年ほど農家に托鉢《たくはつ》せよ」と釈迦が教えたという話があった。乏しくて困っているときほど托鉢僧に施しをしなければならないというのは、ふつうなら矛盾したことのように考えられる。

それを西尾さんは経営に置き換えていう。

「経営も不況の時ほど世の中のお役に立つことをしなければいけない。『与える心が豊かさを生む』と教えられましたが、それを精神的なところも含めてどこまで実践できるか。感謝の気持ちがないと人に施しもできませんし、いつも経営者としての器が試されているんですね」

四泊五日の研修会は、西尾さんの意識に大きな変化をもたらし、なかでも「神想観」に感動した。今でも毎朝晩欠かさず行なっているという。「代表取締役になったとき、世の中に本当に認められる企業にしたいという思いがありました。まずは地元で認められる企業づくり、さらに長野県や日本、ひいては世界に認めてもらいたいなと思いました」

そんな思いを巡らしているときに、世界の人々が集う祭典「オリンピック」のことが頭に浮かんだ。オリンピックの発祥地はギリシアである。「もし社名を変更することがあれば、ギリシア語で感謝を意味する『カリス』にしたい」と思った。カリスには、感謝という意味のほかに「思いやり」「多くの人々に喜びをもたらす」という意味も含まれている。ここにも西尾さんの夢とロマンが秘められている。

平成三年、創業四十五周年にあたって社名を変更することになった。役員も含め全社員から社名を募り、社名変更委員会で検討した結果、最終的に五つの名前が残った。「カリス」もあったが、決定が役員会に委ねられたとき、長兄の社長、和夫さんは「チオックス」という社名を推した。

「長男がいえばしょうがない。カリスは脈がないか。まあ、自分の気持ちのなかにカリス（感謝）をしまっておこう」

と、西尾さんはあきらめた。新社名は「チオックス」と一旦は決まった。が、数日後、「カリスに変えてくれないか」と、突然、長兄が電話で伝えてきた。あとになって、父親の仁一さんにその理由をたずねると、「お前が役員会のとき、兄の言うことを受け入れたから、変わったんだろう」と言葉少なに語った。このとき、西尾さんは子供のころ、風呂に入るたびに父親からいつもやらされたことを思い出した。

父親は洗い場に湯がいっぱいの洗面器を置き、「自分の方へ引け」「向こう側へ押し返せ」と命じ、それを何度も繰り返させた。手前に引くと、容器のなかの湯は自然と向こう側にこぼれ、向こうに押すと、湯は自分の側にこぼれた。

「父は言葉では何も教えてくれなかったのですが、四十歳くらいになって、ようやくその意味がわかりました。我欲が強ければ、物事は自然と自分から離れていってしまうし、人に施《ほどこ》しをすれば結果として戻ってくる。それが自然の摂理なんですね」

西尾さんは社名変更と同時に社内改革を断行した。日給制の作業員を月給制で雇用し、四週六休として休日も増やした（現在は週休二日制）。人件費は、単純に計算すると三十パーセントほども上がったという。

「代表取締役になってから改めて作業員の人たちの生活を見たとき、あまりいい生活をしていなかった。長雨が続けば、仕事を休まざるをえない。すると当然収入が減少してしまいます。血の通った仕事をするためには、作業をする人たちを月給制にして社会的地位をきちんと与え、安心して働ける環境をつくってやらなければいけないと思いました」

勇気を持って断行

役員である父や兄たちをどう説得するかが問題だった。「大改革をやったら会社がパンクしてしまう、絶対ダメだ」と猛反対が予想された。そこで西尾さんは、役員会に諮《はか》らず水面下で賃金体系や就業規則を改訂してしまったのである。そのことが同年八月、株主総会のときに発覚した。

「土曜日なのに作業員が休みをとって現場に出ていない。何をやっているんだと、兄たちからさんざん怒鳴《どな》られました。でも、もう出発してますから後戻りはできない。社員たちは私の期待に応えてくれると信じてはいましたが、本当にこれでやっていけるのかすごく心配になってきましてね」

生長の家では「取越し苦労するなかれ」と説いている。西尾さんは、そのことを十分知っていたけれども、やはり不安におそわれた。心配のあまり夜も眠れず、昼間は朦朧《もうろう》とした状態がしばらくつづいた。

西尾さんは、毎朝必ず生長の家の書物や聖経を読むことを習慣としていたが、ある朝、『生命の實相』第七巻にあった文章が目に飛びこんできた。「字はへたですけど、そのときにすぐ写したものです」と笑いながら、そのコピーを見せてくれた。

「わたしは勇気だ、勇気そのものだ。意気銷沈《しょうちん》なんてわたしの本性には全然合わぬことだ。希望は太陽のように永遠に前途に輝いている。一時の暗い影は雲のように過ぎ去る。何を心配することがあるか。もう自分は心配という悪習慣をなげすてたのだ。わたしは勇気そのものになったのだ。わたしは神の子ではないか。わたしの希望は神がわたしに植えつけた成功の芽生《めば》えではないか。芽生えは植えつけられたときにはちょっとの間はしぼむかもしれないが、それは必ず大きく生長するためにこそ神がわたしに希望を与えたのだ。わたしはこの希望が生長し成就するということを確信する」

この言葉にふれたとき、目から鱗《うろこ》が落ちる思いがしたという。

「自分を信じてやれば絶対大丈夫だと、このときは本当に生長の家に救われました」

この日を境にして気が楽になり、ゆっくり休めるようになったという。

オンリーワン企業を目指して

平成三年、つまり社内改革をした年は、仕事量は減少した。ところが利益率が大幅にアップした。その結果は役員に歓迎され、社員たちも心から喜んでくれた。

「うちの社員が以前、近くの店に買い物に行ったりすると、よく会社や仲間の悪口ばかりいっていたんですが、それが全く口にでなくなった、どうしたのかと店の人に聞かれました。現場でもカリスの社員はよく働くけど、何でそんなに変わっちゃったのと言われました」

社員からはこんな笑い話もきいた。日給で働いていたときは、家に帰っても部屋の片隅で遠慮しながら焼酎を飲んでいたが、月給になってからは、部屋の中央で堂々とウイスキーを飲めるようになったという。

平成五年、カリスは労働環境の改善に尽力した功績を認められて、長野県労働基準監督署から「ゆとり創造賞」を受賞した。

「こうした賞をいただけたのも、私の力だけでなく、父や兄たちあるいは周りの社員たちのおかげですし、皆が築いてくれた土台の上に自分が乗っている。だからそれに対して感謝をしながら新しいものに挑戦していこうと思っています」

いま、カリスは社員が増え、急成長をつづけている。地域社会に認められるオンリーワン企業を目指して、リサイクル関連の新規事業への取り組みもはじめている。

（平成九年五月号　取材／衣笠幹史　撮影／田中誠一）

＊生長の家本部練成道場＝巻末の「生長の家練成会案内」を参照。

手帳に書き留めた夢が実現
副業のマンション経営も軌道に乗って

奈良県　装飾店経営　久保《くぼ》　清《きよし》さん（53歳）

装飾店を営む久保さんには、ビルを所有する夢があった。「三階建てのビルをすでに与えられました」と信じて祈っているうち、ついに実現。その後も次々とビルや家を建てることができたという……。

「平成になってからビルや家をボコボコ建てることができましてね」

近鉄奈良線・富雄駅前にある久保清さんの店「久保装飾店」に伺《うかが》うと、そんな冗談ともつかない景気のいい話が飛び出した。「この店のあるビルも、一昨年完成したばかりなんです」とも付け足した。いったい本当の話だろうかと耳を疑ったが、久保さんは、論より証拠と所有する建物まで案内してくれた。

店から歩くこと数分、六年前に建てたという四階建てマンションに着く。さらにそこから車で五分ほどの所には、三年前に建てた三階建てマンションもあった。そのマンションの一階にある空き店舗を生長の家の誌友会場として一室まるごと提供しているとのことで、この日、数名の婦人信徒が集まっていた。

確かに久保さんの言っていることは本当だった。「まだ、これだけやないですよ」と久保さん。

久保さんの店ではカーペットやカーテン、クロスなどの施工、縫製や販売などを行っている。店舗は二つあり、「富雄駅前店」のほかに、生駒市にも「あすか野店」がある。店はどちらも六坪。マンションの管理は不動産屋に任せているが、久保さんは二つの店を行ったり来たりと掛持ちで、内装工事がある時は現場にも出ているという多忙の身。夫人の悦子《えつこ》さん（49）やパートの女性が久保さんの留守を預かる。

小一時間の間に、畳屋やハウスクリーニング業者、営業に来た者など、様々な人が店の出入りをしていた。久保さんも応対に忙しそうだが、いたって丁寧である。営業で来たという若い女性にも門前払いするどころか、頑張って下さいと励ましの言葉をかける

「真心を込めて仕事をすることを心がけています」と久保さん

ほどだ。

「僕は駆出しの頃、飛び込みで仕事をもらってやってきたから、営業に来られる方の厳しさや辛《つら》さがよくわかるんです。だからその人にはつい声援を送ってしまう」

久保さんの人当たりのよさに、その営業の女性も相好《そうごう》を崩した。

言葉の力

久保さんは昭和十八年、生駒市の生まれ。昭和四十一年、同志社大学の経済学部を卒業後、奈良市内の自動車販売会社に就職した。仕事は外回りの営業。久保さんに言わせれば、ここで営業の勉強ができたことが今の仕事を始める自信になったそうだ。

半年ほど勤めた後、市内の装飾店に転職。学生の時にアルバイトをしたことが縁だった。久保さんは装飾のことは素人同然で何も分からなかったが、いずれ独立して店を持ちたいという希望はひそかに持ち続けた。

昭和四十三年、まだ二十四歳という若さだったが、思い切って独立。ライトバンにカーテンやカーペットの見本を積み、訪問セールスから始めた。一年後には少し貯金が溜ったので、それを資金に「久保装飾店」を市内に出した。折しも奈良県内では宅地の造成開発が盛んになってきた頃で、さらに大阪での万博開催を迎えて好景気の波に乗り、店の売上げは好調で、住居兼店舗を富雄駅前に移した。

昭和四十五年には悦子さんと結婚、二人の男の子にも恵まれた。

久保さんの生家は生駒市で農業を営んでいた。母親が畑でできた野菜をしばしば久保さんに送ってくることがあった。その箱の中にはいつも生長の家の月刊誌が入っていた。母親は、昭和二十年代に生長の家の信徒になっていた。久保さんもいつとはなしにその月刊誌を読むようになり、読んだ後には「人間・神の子、無限力」の教えに自然と力が湧いてくる気がした。

そうして何年間かは月刊誌に目を通すくらいだったが、昭和五十二年には『生命の實相』を全巻買い求めた。生長の家の読みごたえのある本を、一度通読してみようと思ったという。

「読み始めると、難しいと思う箇所もあったが、読んだ後は心がすがすがしく感じてね。生長の家の教えのどこが良かったかと言われてもよく分からないんですが、何とはなしに、これはええ本やなと思いました」

昭和五十四年には、生駒市に自宅を新築したが、久保さんはその記念に自分や夫人の全兄弟に『生命の實相』を全巻プレゼントした。

久保さんは『生命の實相』を読み進むうちに、この力強い文章を書かれた著者の谷口雅春先生を一目拝したいという思いが湧き、昭和五十五年の五月に東京・九段下の日本武道館で開かれた生長の家相愛会*の全国大会に参加した。さらに同じ月に総本山の団体参拝練成会*にも参加。久保さんは練成会の明るい雰囲気に感激して、奈良に帰ると毎日『甘露の法雨』を読んだり、誌友会に参加するようになった。

誌友会では生長の家の教えを生活に実践している人たちに感化され、久保さんは信徒と一緒に自宅近くの産土神社に毎朝神想観に通うようになった。ここでの神想観は八年続き、今は自宅で神想観をしている。

「私は商売でも信仰でも、ええと思ったらすぐ実行するんです。神想観をやることは教えの基本ですから、毎日やらんといかんと思ったんです」

心で描いたことが実現するということや、そのために言葉の力を応用する、ということとを知った久保さんは、家の柱に願い事を書いた紙を貼ったり、『奇蹟の手帳』（日本教文社刊）を買い求めたりした。この手帳は、祈りの言葉を書き留めて常時携帯し、功徳を実現するための信仰を築き上げることを目的とした手帳である。

その手帳の中には、「〇〇さんが試験に受かりました」とか、「〇〇さんがいい人と結婚できました」とか、家族や知人の幸せを祈る言葉、仕事が順調に進むこと、取引先の繁栄を願う言葉など、様々な祈りの言葉を書き連ねた。

「神さまへの祈りは、請求書ではなく領収書である、と生長の家で聞いたことがある。だから僕も神さまには、『こうして下さい』という祈りではなく、『すでに与えられました』という言葉を書いているんです」

これまで手帳に書かれた祈りの九割以上が成就したという。「ビルが与えられました」という祈りもその一つ。

「得意先がマンションを経営している方が多くてね。自分もマンション経営に乗り出そうと思ったんです」

無限供給

久保さんの話を傍《かたわ》らで聞いていた悦子さんが、笑いながら言葉を挟《はさ》む。

「主人はしばしば突拍子もない計画を言い出すんです。言うたら行動も早くて。でも自然とうまく実現するんですよ。私は主人のやることには仕方ないと思って反対しないんです」

久保さんは、谷口雅春著『無限供給の鍵』（日本教文社刊）という本の中に書かれているある一節が気に入り、これまでの願望実現の原動力となったという。

『信じて求めよ、神はなくてならぬものを祈るに先き立ちて知り給い与え給うと教えておられるのです。吾々は多くを求めることを躊躇《ちゅうちょ》してはならないのです。何となれば吾々は神の子であり、神にとって少し与えるよりは多く与える事の方が一層容易であるからであります』

ビルを所有するに到ったいきさつはこうである。

まず平成二年、貯金や銀行のローンを組んで建坪百五十坪の店舗付四階建てワンルームマンションを建てた。入信して間もない頃から自宅の家の柱に「三階建てのビルが与えられました」と書いた紙を貼り、「かならず適当な時期に与えられる」と祈っていたというから、夢実現への熱意がうかがえる。駅から数分という立地のよさと、大学のキャンパスに近いということから、竣工した日に十八戸の部屋は即満室になった。

「三階建てが四階建てになって、神様は最初に望んだものより、それ以上のものを与えて下さったんです」

さらに翌年、富雄駅前店の土地が県の道路拡張用地にかかったために得た補償金で近くに代替の土地を買い、平成五年に建坪四十坪の店舗付三階建て貸しビルを建設。その年、富雄駅前の土地を購入し、平成六年に建坪四十坪の三階建て貸しビルを建てた。現在は自宅近くに新居を建設中である。というのも、長男の博紀《ひろとし》さん（26）が平成八年十月に結婚したためだという。息子さんに結婚の話が出たその前の年、久保さんは誌友会の場でこんな宣言をした。

「息子が素晴らしい嫁さんをもらったら二世帯住宅を建てて、家ができたら一番に生長の家の誌友会を開かせていただきます」

そこで生駒市に所有する百五十坪の土地をあてがったが、土地の形がやや三角形に近い形だったので、家を建てるにしては少し窮屈だった。しかし地鎮祭が済んだ後、ちょうど欠けた部分にあたる土地の地主から、その九十坪を買ってほしいと言われ、それで二つの土地を合わせるとちょうどよい長方形の土地になった。

平成八年五月、久保さんは希望の土地が与えられた感謝の気持ちをこめて、新築中の家で早速、誌友会を開いた。まだ柱と屋根がかかっただけで床も張ってなかったが、そこに二十数名の信徒が集まったという。

長男の博紀さんは、七月に大手住宅販売会社を退職し、父親の下で働き、次男の陽洋《あきひろ》さん(22)は市内の建築会社に勤める。

「九月に長男と一緒に生長の家富士河口湖練成道場で開かれている産業人研修会に参加したんですよ」

これからは親子で生長の家を学んでいきたいと夢を語る。久保さんの『奇蹟の手帳』はさらにたくさんの祈りで埋まりそうだが、最後にこう付け足すことも忘れなかった。

「人生の本当の目的は、物質をいかにたくさん手に入れたかではなく、神様の愛を多くの人に伝えることですからね。このビルも神様のものであって、私は神様から使わせていただいているだけだと思っています」

決して自慢するでもなく謙虚な久保さんだが、自分の手掛けた工事を終えたときには、「この家に住む方に最大の幸せが来ますように」と祈ることを欠かさないという。

（平成九年一月号　取材／水上有二　撮影／中橋博文）

＊生長の家相愛会＝生長の家の男性のための組織。全国津々浦々で集会が持たれている。
＊団体参拝練成会＝各教区ごとに生長の家総本山に団体で参拝し受ける練成会。

我を捨てたとき
新製品開発のアイデアが生まれた

大阪府　大阪真空化学社長　安達隆一《あだちりゅういち》さん（57歳）

世に送り出した新製品が不良品として戻ってくる。模索につぐ模索。夜も眠れぬ日々のなかで、我を去ったとき問題は解決した。ハイテク企業の社長が気づいた繁栄の法則とは——

「この研究は六年間かけて、いよいよビジネス化に入る段階です。私たちのビジネスは新しい開発をいちばん先に手がけることが大切なんですね」

安達さんは実験装置を前にして言った。

大阪真空化学㈱はさまざまな電子部品の製造でハイテク業界のトップクラスに躍《おど》り出た企業だ。社長の安達さんは当年五十七だが、受け答えや身のこなしからは五十路に入

ったばかりのような印象を受ける。そのことを告げると、

「みんなにそう言われるんですわ、弟より下に見られるくらいですから」

と屈託《くったく》なく笑った。

化学に弱いという記者を工場に案内しながら、安達さんは逐一《ちくいち》ていねいに説明した。そして、研究室ではぎっしりと並んだデータファイルを背に、

「つねに走りながら考えんと、前には進みませんからね。いつでも研究開発ですわ」

と笑顔で言った。

現在、同社はハイテク企業としてトップ集団を走っているが、そのスタートラインは意外にも自宅の台所だった。

実験室は台所

安達さんは昭和十三年、大阪・天王寺区の生まれ。生家は工業薬品の販売業だったので、子供の頃からドラム缶の薬品を小分けするなど家業を手伝った。お蔭で薬品名はすっかり頭に入ったという。また、学校の教科でも化学が好きで、化学式の亀の甲の図も

気にはならなかった。

地元の高校を卒業後、同志社大学工学部の工業化学科に進学。もっぱら真空の研究に取り組み、卒論のテーマにも選んだ。大学卒業後は、大阪の化学薬品関連の会社に就職。堅実な優良企業だった。が、わずか一年にして退職してしまった。

「サラリーマンは自分には合わん、思ったんですわ」

自営業の家で育ったためか、事業家として独立する夢は少年時代から心のどこかにあった。

まず、安達さんはアメリカで開発されたというプラスチックの表面を金属メッキする技術に注目した。当時、日本では家電製品が急速に普及し始めていた。ボタンやスイッチなどの部品に金属光沢をもたせる技術は、製品の見ばえをよくするのに役立つ。〝これはビジネスになる〟と安達さんは研究開発に着手した。

実験室は自宅の台所だった。実験方法も原始的で、電気メッキするときのエア攪拌《かくはん》には掃除機の排気を用い、ヘアドライヤーが乾燥機になった。

「いま考えれば実験ごっこみたいでした。周りも〝こんなんがビジネスになるんやろか〟

我を捨てたとき新製品開発のアイデアが生まれた

数多い工程を入念にチェックする
安達さん

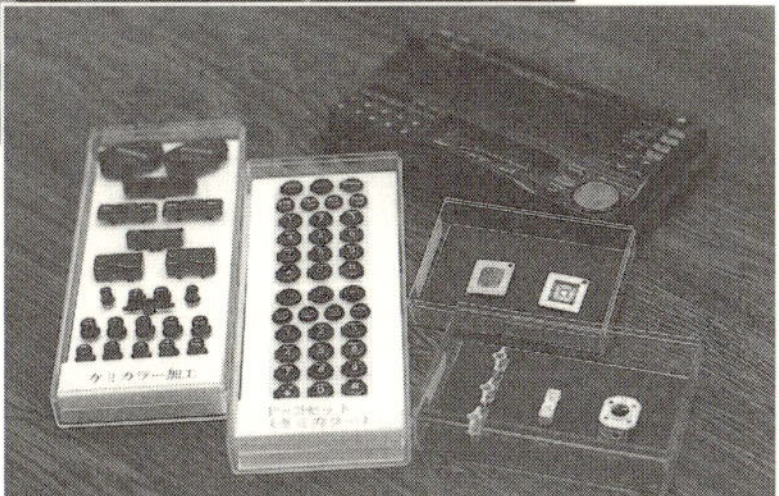

同社が開発した情報機器

思ってたのとちがいますかね」

昭和三十八年八月、安達さんは工場を建て、個人経営の大阪真空化学工業所を創業した。研究段階からビジネスへの転換を図ってのことだったが、テレビのチャンネルは、「百個のうち七十個がメッキが剥《は》がれてしまう不良品」という有様だった。が、そんな失敗を繰り返しながら、しだいに品質は向上、大手家電メーカーからの注文にも応えられるようになった。後発の同業者が同じ失敗をすると、技術のすぐれた同社に注文が回ってきた。

「やっぱり開発は一番手でなければあかん。二番手では追いつけん、と思いましたな」

昭和四十九年十月、安達さんは個人経営の会社を法人組織に改組、本格的なハイテクビジネス戦線に乗り出した。

我を捨てたとき

研究開発企業は、金、時間、人を開発に先行投資するが、時として血のにじむような産みの苦しみを味わうことになる。同社も例外ではない。

表面処理の新技術を次々に開発していた同社は、昭和五十七年、部分透光性メッキの技術開発に着手した。透光性メッキとは、車の運転席や電話にあるボタンやスイッチを夜でも見えるようにするものである。

今でこそ身の回りのどこにでも見ることのできるものだが、技術開発は困難を極めた。文字や数字がなかなかスッキリとは表示できなかったのだ。すでに研究段階から生産現場に移っていたため撤退するわけにもいかない。安達さんは眠れぬ日が続いた。工場内を歩き回り、一日一万五千歩も歩いた。気が張り詰めているから疲れは覚えなかったが、家に帰るとグッタリとして家族と口を利くのさえ億劫《おっくう》だった。社員の中には車の中に泊り込む者もいた。

進むもならず、退くもならず。まさに正念場。だが、やがて安達さんに転機が訪れる。

あるとき安達さんは同居する義母・幸さん（75）からカセットテープをもらった。幸さんが親戚筋から譲り受けたものだった。標題には『續々《ぞくぞく》甘露の法雨』*とあった。安達さんは何気なく聴いてみた。

「家内の母の身内が生長の家の熱心な信者ということは知っとったんです。私は神様いうんが大嫌いでね、神様いうと、何かにすがりついて生きているようで。いつも『神頼みするんやなくて自分で努力せぃ』と言うてたんですわ」

ところが、『續々甘露の法雨』のテープ（世界聖典普及協会発行）を聴くうち安達さんの宗教嫌いの心はクルンと変わった。

「どういえばいいんかな。私はいつも〝こうなければいかん〟という我《が》が強かったんです。経営でも技術開発でも〝自分の力だけが頼みや〟というところがありました。ところが、『續々甘露の法雨』のテープを聴いていたら、その我《が》いうんが抜けていって、スーッと気が楽になったんです。そして我《が》を超えたところに、神様のいのちの世界がある。〝こんな素晴しい世界もあったんか〟と思いましたな」

その後、安達さんは生長の家の産業人研修会に誘われた。『續々甘露の法雨』に感激した安達さんだが、まだ宗教嫌いの尾ヒレを残していたのだろう。「雨が降ってるから次にしよう」「きょうは歯が痛いから」と先送りにしていたが、意を決して生長の家宇治別格本山*に飛び込んだ。安達さんは産業人研修会のつもりで出かけたのだが、参加することになったのは、三日間の短期練成会だった。

「会場に入ると、いきなり合掌され、『ありがとうございます』と言われたのには驚きました。〝自分はそんなことよう言わんわ〟と思いましたよ」

多少、足の不自由な安達さんにとっては正座も苦痛だった。だが、時間が経つうちいつしか参加者の最前列にいた。

講師の話はこんな風だった。

「大根がほしいと思いながら人参の種を蒔《ま》いている人が多い。そのくせ、『畑が悪い』と、文句をつけてはいませんか」

この世界には心の法則がある。成功するのも失敗するのも、みなその原因は、自分の心がつくっている――。まるで自分のことを言われているような気がして、安達さんはハッとした。

「私は自分の感情だけで仕事をしてきたんやないか。本人はそれでいいつもりでやってきたが、社員はプレッシャーを感じていたんでは、と思いましたな。社員がミスするとボロカスに言ってましたからね。練成会に行くときは冬の寒さに縮こまった感じでしたが、帰るときはノビノビした気分でした。生長の家の教えは、生活の中に生かせる宗教やと確信できたんですわ」

練成会から戻った安達さんは、弟で専務の透さん（55）はじめ幹部一同を次々に宇治別格本山に送り込んだ。そして自身は毎朝、神想観をしては我《が》の抜けた世界でアイデアを得ていった。

「みんな顔つきまで変わって帰ってくるんです。それを見るとこっちまでがゾクゾクと嬉しくなってくるんですわ」

難題だった部分透光性メッキは、一年がかりで量産体制に入り、自動車、通信という巨大な市場を獲得した。

解決できる

「化学は法則の世界なんです。法則を突きとめれば、誰がどこでやっても同じ結果が出るんです。その法則の世界とは、我のこだわりを超えたところにある神様の世界です。だから我を捨てて、神と一体の自覚を深めることができたとき、アイデアが泉のようにわき出てくるんですわ。企業も繁栄の法則に乗れば伸びるし、我が中心だと伸びんのですよ」

同社が開発した製品のなかで最も新しいものは、昭和六十一年に着手した立体配線回路基盤（ＭＩＤ）である。三次元回路とも呼ばれるものだが、これは複雑な形をしたプラスチック部品に直接配線することで軽量小型化を図り、同時に平面回路では不可能だった反射、放熱など高度な機能をもたせる最先端部品だ。

立体配線回路は「軽薄短小」の時代のニーズに応えるものだったが、これも開発は苦闘の連続だった。まず、プラスチックの成型、化学メッキ、電気メッキなどの工程が百二十もあり、仕上がりまでに一週間も要す。全工程でアイデアが要求される。そのうえ、回路は米粒より小さいので、顕微鏡をのぞきながらの開発だった。

着手から四年後、量産体制に入ったが、出荷したものの一部返品という事態が続いた。が、安達さんはへこたれなかった。神想観をしては浮かんだアイデアを試みていったのである。

「百二十の工程のどこかに何かの原因があるはずですからね。法則に合わないところを突きとめれば、問題は解決できるんです。生長の家の教えは経営のなかにも生きているんです。『もう、やめたいな』と思うときでも、『必ずできる』と思い直して前に進める。教えが大きな推進力ですわ」

試行錯誤の末に三次元回路の不良品率は低下し、平成七年八月はゼロを実現。このことは工業専門紙にも紹介された。

研究室で安達さんは若い社員としばしば談笑した。あたかも大学の研究室でのような雰囲気だった。

「社員とアイデアを出し合うんですわ。私自身も生まれ変わったつもりでアイデアを考えるんですわ」

という安達さんだが、寝床の枕もとにはいつもノートを用意している。起きぬけに思いついたことを書きとめるためだ。

「そして、神想観。アイデアを実現させるためには欠かせません」

安達さんは研究開発の助力を得るため、一流国立大の教授を訪ねることもある。以前だったら相手の肩書に身構えるようなところがあったが、今はごく自然体になれるという。そして、意気投合して、同行した社員に「社長、何であんなに仲がいいんですか」

と呆《あき》れられるとも。

同社の開発した三次元回路の技術はOA機器、情報・通信機器などの小型・軽量化に大きく貢献したが、今後も情報関連の製品開発には意欲的だ。もちろん、困難を伴うことはいうまでもない。が、安達さんの表情からは生長の家の教えのとおり、〝困難に戯《たわむ》れる〟趣きが感じられる。

「生長の家は実践の宗教。相手と調和して仲よくしよう、『ありがとうございます』と言おう、などと肩肘《かたひじ》張って努力しなくてもいいんです。まずは感謝しようと思ったら即、素直に実践することですわ。そこから人生が明るく変わるんですわ」

童顔に無邪気な笑みが浮かんだ。

（平成八年三月号　取材／奥田益也　撮影／中橋博文）

*『續々甘露の法雨』＝「人間神の子・病気本来なし」の真理がやさしく説かれ、神癒、治病等に霊験のある生長の家のお経。

*生長の家宇治別格本山＝巻末の「生長の家練成会案内」を参照。

国を愛し、環境にも気を配る世界に羽ばたく企業へ

愛知県　森藤技研工業社長　森《もり》　藤《とう》左《ざ》ェ《え》門《もん》さん（42歳）

エレベーターのドアの表面処理加工で圧倒的なシェアを誇る森藤技研工業。国内をはじめ世界各国の建物の中で同社の製品が使用されている。社長の森藤左ェ門さんは、環境問題にも取り組み、平成十二年九月に国際環境規格ＩＳＯ１４００１の認証を取得した。

光が当たると反射して、美しい絵や幾何学模様を見せるエレベーターのドアがある。エッチングや研磨などの表面処理加工によって作り出されたものだが、こういった技術を持つ企業は世界でも数少なく、森藤技研工業は国内におけるエレベーターのドアの表面処理加工で実に八割のシェアを占めている。

これらの商品が用いられた場所は、東京都庁舎や新東京国際空港、横浜ランドマークタワー、帝国ホテルなど全国の主要なビルやホテル、庁舎など数え上げたら切りがない。東南アジアや欧米の建築物でも数多く採用され、海外企業からの視察も年にたびたびある。

名古屋市に隣接する愛知県春日井市。そこを流れる庄内川沿いの準工業地帯に森藤技研工業株式会社（資本金五千万円）の本社・工場がある。七百五十坪の敷地には三棟の工場が並び、約六十名の従業員が働く。

同社はステンレスやアルミ板などのエッチングやカラー発色加工、表面研磨など、様々な表面処理加工を手がける。ここで加工された商品はエレベーター用のドアと壁が中心で、他にも建材や金属製モニュメント、自動車部品など多岐にわたる。

工場で使われているエッチングや研磨の機械はすべて自社開発。世界に誇る表面処理加工の技術が、同社のわずか数名の技術者の手によって開発されたということだから、日本の中小企業の底力を感じずにはいられない。さぞかし製法特許の申請にも熱を入れているのではと思ったが、社長の森藤左ェ門さんから返ってきた言葉は意外だった。

「特許は今まで一つか二つあったかな。もう期限が切れてしまっているかもしれませんが……。そもそもうちの技術はよその企業が見ても絶対に真似できないと思うから、無理に特許を取らなくってもいいんですよ」

名前に込められた先代の願い

森藤左ェ門という古風な名前から連想して、町工場の頑固で気むずかしい職人さんをイメージしていたが、話してみると控えめな声で気負ったところが少しもない。四十二歳と若いが、社長に就任してすでに十二年のキャリアがある。

それにしても、企業間の技術競争が激しい時代に、「よその企業が真似できないから」とは少し楽観的すぎはしないか。その理由は後で森さんが教えてくれたが、エッチングをする業界は劇薬を使う「公害装置産業」であるため、他の企業が参入しにくい現状があるということだ。

古風な名前も、森家では代々当主が藤左ェ門を襲名《しゅうめい》するのが慣習だそうで、現社長の森さんは五代目にあたる。「ご先祖との命の一体感を常に感じさせてくれるこの名前に

「さらに技術の研究・開発に取り組み、創造性豊かな製品を提供したい」と森さん

同社で製作した東京都庁舎展望階用エレベーター・ドア

誇りを感じます」と屈託《くったく》ない。

ちなみに初代は江戸時代にさかのぼり、今の愛知県小牧市のあたりで鍛冶屋を営んでいたという。森藤技研工業の発祥は三代目の時で、昭和十年に名古屋市に「森藤ネームプレート製作所」という銘板製作会社を起こしたのが始まりだ。三十六年に幅数メートルの広い面積の金属をエッチングできる「長尺エッチング加工」の開発に成功し、業績は飛躍的に発展。三十八年に四代目が株式会社に改組して今の社名に改称し、平成元年に森さんが五代目として社長に就任した。

社長を継いだ森さんは「我が社の本当の社長は神様で、自分は神様から任されて経営している」という謙虚な気持ちで経営に取り組んでいる。これは生長の家の熱心な信徒だった先代が、いつも口癖のように語っていた言葉だそうで、森さんもその言葉を自らの経営の信条としてきた。

「先代は『商品を通じて人の喜ぶ企業にしたい』といつも願っていました。その思いが今も自分の心の中で使命のように生きているんです」

得てして、子は親のやり方に反発したりするものだが、森さんにはそんな考えは微塵《みじん》もない。親から受け継いだ良いものを守り、発展させていこうという強い意志が感じられる。

突然、社長の座に

森さんは昭和三十三年に六人きょうだいの次男として小牧市で生まれた。長男は生後九ヵ月で亡くなっていたので、森さんが跡継ぎとして育てられた。昭和三十年代に両親が生長の家に触れ、幼い頃から信仰的な雰囲気の中で育つ。十代の頃は親に勧められるまま生長の家の行事に参加していたが、信仰に目覚めたのは愛知学院大学一年生の時、宇治別格本山で開かれた大学生練成会に参加したことがきっかけだった。

「天皇陛下はいつも無私の心で国民のことを考えておられるという講話を聞いてものすごく感動してね。自分は、天皇陛下の御徳《おんとく》に報いるために生きて行こうと決意したんです」

森さんは愛国的情熱をもって生長の家青年会の活動に参加するようになり、伝道活動に励んだ。昭和五十四年に森藤技研工業に就職。数年後、先代について生長の家栄える会の行事にも参加するようになる。二十四歳の時に青年会活動で知り合った実子《じっこ》さん（45）と結婚し、二子をもうけた。

平成元年、四代目が胃ガンで亡くなった。当時森さんは三十一歳。自分の歳を考えると時期が早いと社長職を固辞したが、母親で現会長の森よね子さん（73）の説得で引き受けることにした。

社長就任後、売上げは決して順調だったわけではない。バブル崩壊後のゼネコン不況で大きな痛手を受けた。建築件数が減り、エレベーターの需要が少なくなったのである。受注は最盛期の三割近くも減り、リストラにも限界がある。森さんはその打開策として市場を海外に求めることにした。

平成九年にタイに駐在事務所を構え、東南アジアや欧米との取引の拠点とした。グループ会社が中国の企業との取引で失敗し、多額の欠損を出したことがあったが、森さんは「それでも、人の悪を見ないで、神様の善のみの世界を信じていたいと思うんです。いい勉強になりました」と心を広く保とうと努めた。

神の世界においては人も自分も一体であるという思いから、企業どうしは助けあうべきだと考えている。平成の初めに、韓国など海外の企業に自社の技術を公開したことも その一つだが、目先の利益ばかりを追っていてはとても出来ないことだ。

海外の取引は年々増え、今では売上げの三割を占めるまでになった。その一方でISO（国際標準化機構）の認証取得の必要性を感じ、平成十一年六月に品質管理における国際規格ISO9002を取得し、十二年九月には環境管理の国際規格ISO14001も取得した。

「中小企業の一つのステータスとして、ISOの取得は社員に誇りを与えてくれたと思います」

会社ぐるみで自然を守る

森さんに案内されて同社の工場を見学すると、化学薬品を扱う工場にありがちなどこか汚いイメージはまったくない。どの部屋も整理が行き届き、温度計が設置され、室温が管理されている。薬品の使用方法も目分量は禁止で、きちんと使用量と適用温度が定められている。

コピーを取るにしても大きいサイズの物は縮小し、必ず両面使う。ゴミ捨ても分別が徹底しており、紙は雑誌、封筒、段ボール、コピー用紙などといった具合に分けられ、すべてリサイクルに回される。これらはほんの一例だが、すべてISOの要求事項に則《のっと》って組織が作られ、毎年数値目標を定め、継続的に改善していかなければいけないという。

ISO14001の申請を出してから認証を取得するまで通常、半年を要する。その間に三回にわたって認証機関による実地審査が行われた。最後の審査があった九月、ちょうど東海地方に水害をもたらした日と重なり、一日延期になるアクシデントがあったが、審査自体はスムーズに運んだ。ISO運用マニュアルの作成のため、森さんは、連日のように幹部と夜遅くまで残って勉強会を開いた。

ISOの維持、管理には多額の費用と社員一人ひとりの努力が必要だが、森さんが全社を挙げて環境問題に取り組むには訳がある。

「昭和天皇や今上《きんじょう》陛下が自然を大切にされてきましたよね。自分たちが、自然を守るということは、皇室のお気持ちを尊重することであり、国を愛することにつながると思うんです。そのお気持ちを社員の皆で共有できたらいいなと思って」

自社の廃液処理のことや、薬品の使用による資源の枯渇などを考えると、環境に負荷を与える業種だという思いが森さんにはある。環境問題に取り組むことで、少しでも自然を守ることができたらというのが森さんの願いだ。環境に配慮した製品の開発にも努め、薬品を使わずにエッチングをしたものと同様のデザイン意匠の商品もすでに実用化している。

「社員や取引先がいろいろとアイデアを出してくれ、それがどんどん実用化しているんです」

と目を細める森さん自身、社員のやる気を出すためのアイデアをいくつも考案してきた。

社員に仕事への誇りを持たせたいという思いから、年に何度か自社商品が設置された場所に社員を連れて行く。自分が手がけた商品が有名ビルやホテルに使われているのを見て感動する社員もいるという。

さらに十月からは「模範社員表彰券」を全社員に配り、同僚の美点を書かせて箱に投票させる制度を始めた。月ごとに箱が開かれ、そこに名前が載っていた人は一枚につき二百円がもらえる仕組みだ。職場の人間関係を、互いの美点を見つけることで円滑にさせたいと効果を期待している。

「お客さんにもっともっと喜ばれて、日本の国にも貢献できる会社作りをしていきます」

二〇〇五年には株式の店頭公開も目指す。森社長、四十二歳の若さで、まだまだ大きなことをやってくれそうだ。

（平成十三年一月号　取材／水上有二　撮影／永谷正樹）

●生長の家練成会案内

総本山……長崎県西彼杵郡西彼町喰場郷1567　☎0959-27-1155

　＊龍宮住吉本宮練成会……毎月１日～７日（１月を除く）

　＊龍宮住吉本宮境内地献労練成会……毎月７日～10日（５月を除く）

本部練成道場……東京都調布市飛田給2-3-1　☎0424-84-1122

　＊一般練成会……毎月１日～10日

　＊短期練成会……毎月第三週の木～日曜日

　＊光明実践練成会……毎月第二週の金～日曜日

　＊経営トップセミナー、能力開発セミナー……（問い合わせのこと）

宇治別格本山……京都府宇治市宇治塔の川32　☎0774-21-2153

　＊一般練成会……毎月10日～20日

　＊神の子を自覚する練成会……毎月月末日～５日

　＊伝道実践者養成練成会……毎月20日～22日（11月を除く）

　＊能力開発研修会……1・2・4・7・10月の21日～25日

富士河口湖練成道場……山梨県南都留郡河口湖町船津5088　☎0555-72-1207

　＊一般練成会……毎月10日～20日

　＊短期練成会……毎月月末日～３日

　＊能力開発繁栄研修会……（問い合わせのこと）

ゆには練成道場……福岡県太宰府市都府楼南5-1-1　☎092-921-1417

　＊一般練成会……毎月13日～20日

　＊短期練成会……毎月25日～27日（12月を除く）

松陰練成道場……山口県吉敷郡阿知須町大平山1134　☎0836-65-2195

　＊一般練成会……毎月15日～21日

　＊伝道実践者養成練成会……（問い合わせのこと）

○奉納金・持参品・日程変更詳細は各道場へお問い合わせください。

○各教区でも練成会が開催されています。詳しくは各教化部にお問い合わせください。

○海外は「北米練成道場」「ハワイ練成道場」「南米練成道場」等があります。

生長の家本部　〒150-8672　東京都渋谷区神宮前1-23-30　☎03-3401-0131　FAX03-3401-3596

教化部名	所　在　地	電話番号	FAX番号
静岡県	〒432-8011　浜松市城北2-8-14	053-471-7193	053-471-7195
愛知県	〒460-0011　名古屋市中区大須4-15-53	052-262-7761	052-262-7751
岐阜県	〒500-8824　岐阜市北八ッ寺町1	058-265-7131	058-267-1151
三重県	〒514-0034　津市南丸之内9-15	059-224-1177	059-224-0933
滋賀県	〒527-0034　八日市市沖野1-4-28	0748-22-1388	0748-24-2141
京　都	〒606-8332　京都市左京区岡崎東天王町31	075-761-1313	075-761-3276
両丹道場	〒625-0081　舞鶴市北吸497	0773-62-1443	0773-63-7861
奈良県	〒639-1016　大和郡山市城南町2-35	0743-53-0518	0743-54-5210
大　阪	〒543-0001　大阪市天王寺区上本町5-6-15	06-6761-2906	06-6768-6385
和歌山県	〒641-0051　和歌山市西高松1-3-5	073-436-7220	073-436-7267
兵庫県	〒650-0016　神戸市中央区橘通2-3-15	078-341-3921	078-371-5688
岡山県	〒703-8256　岡山市浜1-14-6	086-272-3281	086-273-3581
広島県	〒732-0057　広島市東区二葉の里2-6-27	082-264-1366	082-263-5396
鳥取県	〒682-0022　倉吉市上井町1-251	0858-26-2477	0858-26-6919
島根県	〒693-0004　出雲市渡橋町542-12	0853-22-5331	0853-23-3107
山口県	〒754-1252　吉敷郡阿知須町字大平山1134	0836-65-5969	0836-65-5954
香川県	〒761-0104　高松市高松町1557-34	087-841-1241	087-843-3891
愛媛県	〒791-1112　松山市南高井町1744-1	089-976-2131	089-976-4188
徳島県	〒770-8072　徳島市八万町中津浦229-1	088-625-2611	088-625-2606
高知県	〒780-0862　高知市鷹匠町2-1-2	088-822-4178	088-822-4143
福岡県	〒818-0105　太宰府市都府楼南5-1-1	092-921-1414	092-921-1523
大分県	〒870-0047　大分市中島西1-8-18	097-534-4896	097-534-6347
佐賀県	〒840-0811　佐賀市大財4-5-6	0952-23-7358	0952-23-7505
長　崎	〒852-8017　長崎市岩見町8-1	095-862-1150	095-862-0054
佐世保	〒857-0027　佐世保市谷郷町12-21	0956-22-6474	0956-22-4758
熊本県	〒860-0032　熊本市万町2-30	096-353-5853	096-354-7050
宮崎県	〒889-2162　宮崎市青島1-8-5	0985-65-2150	0985-55-4930
鹿児島県	〒892-0846　鹿児島市加治屋町2-2	099-224-4088	099-224-4089
沖縄県	〒900-0012　那覇市泊1-11-4	098-867-3531	098-868-8807

●生長の家教化部一覧

教化部名	所　在　地	電話番号	FAX番号
札　幌	〒064-0804　札幌市中央区南4条西20-1-21	011-561-1603	011-561-1613
小　樽	〒047-0033　小樽市富岡2-10-25	0134-34-1717	0134-34-1550
室　蘭	〒050-0082　室蘭市寿町2-15-4	0143-46-3013	0143-43-0496
函　館	〒040-0033　函館市千歳町19-3	0138-22-7171	0138-22-4451
旭　川	〒070-0810　旭川市本町1-2518-1	0166-51-2352	0166-53-1215
空　知	〒073-0031　滝川市栄町4-8-2	0125-24-6282	0125-22-7752
釧　路	〒085-0832　釧路市富士見3-11-24	0154-44-2521	0154-44-2523
北　見	〒099-0878　北見市東相内町584-4	0157-36-0293	0157-36-0295
帯　広	〒080-0802　帯広市東2条南27-1-20	0155-24-7533	0155-24-7544
青森県	〒030-0812　青森市堤町2-6-13	017-734-1680	017-723-4148
秋田県	〒010-0023　秋田市楢山本町2-18	018-834-3255	018-834-3383
岩手県	〒020-0066　盛岡市上田1-14-1	019-654-7381	019-623-3715
山形県	〒990-0021　山形市小白川町5-29-1	023-641-5191	023-641-5148
宮城県	〒981-1105　仙台市太白区西中田5-17-53	022-242-5421	022-242-5429
福島県	〒963-8006　郡山市赤木町11-6	024-922-2767	024-938-3416
茨城県	〒312-0031　ひたちなか市後台字片岡421-2	029-273-2446	029-273-2429
栃木県	〒321-0933　宇都宮市簗瀬町字桶内159-3	028-633-7976	028-633-7999
群馬県	〒370-0801　高崎市上並榎町455-1	027-361-2772	027-363-9267
埼玉県	〒336-0923　さいたま市大字大間木字会ノ谷483-1	048-874-5477	048-874-7441
千葉県	〒260-0032　千葉市中央区登戸3-1-31	043-241-0843	043-246-9327
神奈川県	〒246-0031　横浜市瀬谷区瀬谷3-9-1	045-301-2901	045-303-6695
東京第一	〒112-0012　文京区大塚5-31-12	03-5319-4051	03-5319-4061
東京第二	〒183-0042　府中市武蔵台3-4-1	042-574-0641	042-574-0055
山梨県	〒406-0032　東八代郡石和町四日市場1592-3	055-262-9601	055-262-9601
長野県	〒390-0862　松本市宮渕3-7-35	0263-34-2627	0263-34-2626
長　岡	〒940-0853　長岡市中沢3-364-1	0258-32-8388	0258-32-7674
新　潟	〒951-8133　新潟市川岸町3-17-30	025-231-3161	025-231-3164
富山県	〒930-0103　富山市北代6888-1	076-434-2667	076-434-1943
石川県	〒920-0022　金沢市北安江1-5-12	076-223-5421	076-224-0865
福井県	〒918-8057　福井市加茂河原1-5-10	0776-35-1555	0776-35-4895